NOUVELLE BIBLIOTHÈQUE

LES CONFÉRENCES

CHEZ

BEAUBICHON

TABLEAU EN UN ACTE

PAR

MM. CLAIRVILLE & E. BLUM

Représenté pour la première fois, à Paris, sur le Théâtre des Variétés,
le 17 mars 1867

Prix : 1 franc

PARIS
LIBRAIRIE INTERNATIONALE
15, BOULEVARD MONTMARTRE

A. LACROIX, VERBOECKHOVEN & Cᵉ, ÉDITEURS
A Bruxelles, à Leipzig et à Livourne

1867

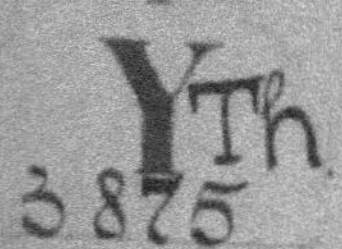

LES CONFÉRENCES

CHEZ

BEAUBICHON

TABLEAU EN UN ACTE

PARIS. — IMP. L. POUPART-DAVYL, 30, RUE DU BAC.

NOUVELLE BIBLIOTHÈQUE DRAMATIQUE

LES CONFÉRENCES

CHEZ

BEAUBICHON

TABLEAU EN UN ACTE

Représenté pour la première fois, à Paris, sur le Théâtre des Variétés,
le 17 mars 1867

PAR

MM. CLAIRVILLE & E. BLUM

PARIS
LIBRAIRIE INTERNATIONALE
15, BOULEVARD MONTMARTRE

A. LACROIX, VERBOECKHOVEN & Cᵉ, ÉDITEURS
À Bruxelles, à Leipzig et à Livourne

1867

PERSONNAGES

ISIDORE FLAMINET..........................
M. MITON..............................
M. BASSINOIRE......................... } MM. Levassor.
SIR CROMWELL.........................
BEAUBICHON.............................. A. Guyon.
DUCORNARD............................... Géraud.
GOBERGIN, domestique de Beaubichon.......... Horton.
MICHELINE, fille de Beaubichon .... Mlle Martin.

Invités des deux sexes.

La scène se passe à Paris, chez Beaubichon.

Les indications sont prises de la gauche et de la droite du spectateur. — Les personnages sont placés en tête des scènes dans l'ordre qu'ils occupent au théâtre. — Les changements de position sont indiqués par des renvois au bas des pages.

NOTE DES AUTEURS

—

M. Levassor est seul autorisé à jouer cette pièce en province.

LES

CONFÉRENCES CHEZ BEAUBICHON

Un salon préparé pour une conférence. — Girandoles au fond. — Lampe allumée sur une console à gauche, au fond. — Canapé à droite. — Chaises à droite et à gauche. — Porte au fond ; autre porte à gauche. — Une troisième à droite.

SCÈNE PREMIÈRE.

BEAUBICHON, GOBERGIN.

(Au lever du rideau, Gobergin est monté sur une chaise, en train d'arranger les girandoles.)

BEAUBICHON, entrant de la gauche et descendant droit au public.

On prétend que les monologues ne sont pas naturels au théâtre ; raisonnons : Quel est l'homme qui dans la nature n'éprouve pas le besoin de se parler à lui-même ? N'est-il pas nécessaire de se dire à soi-même ce qu'on ne peut, ce qu'on ne veut pas dire aux autres ? Ainsi, moi, par exemple, voilà ma position : Je suis employé au chemin de fer aux appointements de 2,000 francs, et je voudrais être augmenté de 500 francs... Que faire pour cela? Des platitudes près de mon chef de bureau? Très-bien, je n'hésite pas, je fais des platitudes et j'obtiens du nommé Ducornet, le dit chef de bureau, la promesse de 500 francs d'augmentation pour le mois prochain ; mais, le lendemain même, j'apprends que le dit Ducornet est mis à la retraite et qu'il est remplacé par un nommé Ducornard... Que faire pour obtenir de Ducornard ce que j'avais obtenu de Ducornet? D'autres platitudes!... Mais lesquelles?... Je connaissais le premier... je ne connais pas le second... Quel est le genre de platitudes qui pourrait lui être agréable?... Le hasard me favorise...

(1) GOBERGIN, *descendant de sa chaise.*

Monsieur, voilà les girandoles posées.

BEAUBICHON.

C'est bien, allume-les. — Le hasard me favorise ; j'apprends que le Ducornard raffole des conférences, qu'il n'en manque pas une, qu'il se ferait tuer pour être au nombre des fichues bêtes qui se réunissent pour entendre parler un homme d'esprit... quand ce n'est pas des hommes d'esprit qui se réunissent pour entendre parler une... Que fais-je en apprenant cela? — J'écris à Ducornard :

« Monsieur,

« Vous êtes invité à venir, le jeudi 15 du présent mois, chez M. Beaubichon, rue Maubuée, nº 12, au cinquième, pour assister à la grande conférence qui doit avoir lieu dans ses salons. On entendra M. Miton, M. Bassinoire et sir Cromwel. Les conférences commenceront à huit heures précises; il y aura des rafraîchissements!... »

C'était raide!... Annoncer les premiers conférenciers

(1) Gobergin, Beaubichon.

de l'univers!... Que faire pour les engager à venir con-
férer chez moi!... Une idée lumineuse m'arrive!...

GOBERGIN, qui a allumé.

Monsieur, les girandoles sont allumées!

BEAUBICHON.

Éteins-les! — Ah! non, attends! — (Tirant sa montre.)
Sept heures et demie!... Ne les éteins pas!... Frotte le
parquet, mets de l'encaustique... (Au public.) Une idée
lumineuse m'arrive... J'écris aux trois conférenciers
une lettre ainsi conçue :

(Ici Gobergin se met à frotter le parquet.)

« Monsieur,

« Un malheureux bureaucrate n'a d'espoir que dans
votre éloquence; consentez à venir parler chez lui de
n'importe quoi, et vous lui sauverez la vie, le jeudi
15 du présent mois, rue Maubuée, 12. C'est le malheur
qui s'adresse au génie. — On sera nourri! »

Et tous ont promis, c'est-à-dire ils ont dit qu'ils se
renseigneraient et que si, effectivement, il dépendait
d'eux, etc., etc.

Bref, sur trois, qu'il en vienne un ou deux, et je suis
à peu près sûr... Eh bien, voilà ce que j'avais à me
dire à moi-même.

AIR : *Les Cinq Codes.*

Mais je me suis dit à moi-même
Une chose que je savais;
N'est-ce pas un peu nicodème ?
Non, car en la disant j'avais
Le moyen de vous en instruire;
J'étais bien sûr, lorsque je me parlais,
Qu'en vous disant ce que je puis me dire,
Vous vous diriez ce que je me disais.

(Micheline entre par la droite.)

SCÈNE II.

LES MÊMES, MICHELINE.

(1) MICHELINE, en toilette de soirée.

Papa, me voilà prête!

BEAUBICHON.

Ah! voyons cela... Oui, pas mal, pas mal... Je crois que je pourrai lui demander mille francs d'augmentation...

MICHELINE.

Plaît-il?...

BEAUBICHON.

Non, je pensais... Tu n'ignores pas que les dépenses extravagantes que je fais ont pour but de me concilier l'estime de mon nouveau chef; par ainsi, je n'ai pas besoin de te recommander...

MICHELINE.

Oui, oui, papa, vous me l'aviez déjà dit... Beaucoup de soins... beaucoup de prévenances... J'en aurai... je ferai tout mon possible pour lui paraître très-aimable à ce monsieur, que je connais pas; mais, de votre côté, vous devriez bien vous montrer plus gentil pour un monsieur que je connais...

(1) Beaubichon, Micheline, Gobergin, au fond.

BEAUBICHON.

Tu vas me reparler de ton Isidor Flaminet, un écri-
vassier que j'ai déjà flanqué trois fois à la porte d'ici.

MICHELINE.

Un garçon plein d'esprit, de talent, de cœur...

BEAUBICHON.

Un polisson qui fait des pièces au théâtre Saint-Pierre
et des articles dans *le Hanneton!*

MICHELINE.

Mais, papa...

BEAUBICHON.

En voilà assez! Je vous demande un peu, venir me
parler d'un pareil... hanneton, au moment où j'attends
tous mes collègues et mesdames leurs épouses, au moment où je m'apprête à recevoir mon nouveau chef!

Air de *Calpigi*.

Dans cet asile héréditaire,
Où jadis a vécu mon père,
Sous ces lambris...

(Regardant en l'air.)

C'est un plafond...
Que m'importe!... Des Beaubichon
Ici s'est illustré le nom!
Et l'on dirait dans ma famille,
Si cet homme épousait ma fille,
Que j'ai, penses-y, quel affront!
Un hanneton sous mon plafond!

MICHELINE.

Mais, papa...

I.

(1) BEAUBICHON, passant à droite.

Silence!... Ah ça! nos invités se font bien attendre, mes bougies brûlent, et je ne vois pas...

ISIDOR, en dehors.

Oui, oui. Je suis attendu. Inutile de m'annoncer.

MICHELINE.

Qu'entends-je?

BEAUBICHON.

Cette voix désagréable!...

SCÈNE III.

LES MÊMES, ISIDOR FLAMINET.

(2) ISIDOR, entrant par le fond.

Hé! le voilà, ce cher Beau... (Il marche sur l'encaustique et tombe.) Aïe!...

MICHELINE, jetant un cri.

Ah!...

BEAUBICHON.

C'est bien fait!

GOBERGIN, à Isidor.

Monsieur, c'est l'encaustique...

(1) Gobergin, Micheline, Beaubichon.
(2) Micheline, Gobergin, Isidor, Beaubichon.

ISIDOR, *par terre.*

Ah! c'est l'encaustique... Eh bien, je fais une jolie entrée. (Il se relève avec l'aide de Gobergin, qui sort par le fond.)

(1) MICHELINE, *avec intérêt.*

Vous êtes-vous fait mal?

ISIDOR.

Au contraire...

BEAUBICHON, *avec colère.*

Monsieur, que venez-vous faire ici?

ISIDOR.

Vous le voyez. Je voulais assister à vos conférences, et c'est un billet de parterre que j'ai pris en entrant.

BEAUBICHON.

Vous, monsieur, assister à ma soirée!...

ISIDOR.

En qualité de journaliste, pour en rendre compte dans mon journal, article Beaux-Arts : « Il a été donné hier, chez M. Beaubichon, une soirée épatante; l'élite de la haute aristocratie s'y était donné rendez-vous; la presse tout entière, dans la personne d'Isidor Flaminet... »

BEAUBICHON.

Monsieur, je vous ai mis trois fois à la porte, avec tous les égards qu'on doit à vos pareils... ne me forcez pas à vous y transporter brutalement, à l'aide de mon garçon de bureau, qui me sert de domestique... Filez, il n'est que temps!

(1) Micheline, Isidor, Beaubichon.

ISIDOR.

C'est ainsi que vous accueillez mes offres obligeantes!
Eh bien, monsieur Beaubichon, écoutez bien ceci : un
autre à ma place se vengerait par un éreintement à tout
casser, mais, moi, je sais ce que je dois au père de celle
qui sera ma femme.

BEAUBICHON.

Monsieur!...

ISIDOR.

Oui, Beaubichon, ta fille sera ma femme, et cela pas
plus tard que ce soir même!

BEAUBICHON, indigné.

Il me tutoie!...

ISIDOR.

AIR : *Nous nous marierons dimanche.*

Avant peu, mon vieux,
Tu seras heureux,
De te dire mon beau-père.
Apprends que, sans moi,
C'en est fait de toi
Et de tout ton ministère!
Retiens-le bien,
Tu n'as plus rien
A faire.
Et je te vois...
Mais, non, je dois
Me taire.
Je quitte ce lieu.

(Allant à Micheline.)

Micheline, adieu!

(L'embrassant.)

Ton père sera mon père!

(Il remonte et trébuche.)

Ah! trop d'encaustique!

(Il sort par le fond.)

SCÈNE IV.

MICHELINE, BEAUBICHON, puis GOBERGIN.

BEAUBICHON.

Ah! c'est-à-dire que j'en reste don-carlosé!

MICHELINE.

Mon papa, c'est votre faute... Vous êtes pour lui
d'une...

BEAUBICHON.

D'une?...

MICHELINE.

Dame! vous lui parlez d'un ton...

BEAUBICHON.

D'un ton?...

MICHELINE.

Vous le poussez à bout!...

BEAUBICHON.

A bout!... Ah! c'est moi qui le pousse... quand c'est
lui qui me brave, qui me tutoie, qui vous tutoie, qui
vous embrasse, qui...

(1) GOBERGIN, entrant par le fond.

Monsieur, voilà un tas de monde qui vous arrive.

(1) Micheline, Gobergin, Beaubichon.

BEAUBICHON.

Ciel!

GOBERGIN.

Je crois bien que ce sont vos collègues et leurs épouses.

BEAUBICHON, tirant sa montre.

Huit heures moins sept minutes!... Et mes conférenciers qui n'arrivent pas!...

(Bruit au dehors.)

GOBERGIN, remontant.

Les v'là, monsieur!

BEAUBICHON.

Saperlotte!... Allons au-devant d'eux, ma fille!...

(Gobergin sort par le fond après l'entrée des invités.)

SCÈNE V.

LES MÊMES, INVITÉS DES DEUX SEXES, entrant par le fond.

AIR : Il faut sans plus attendre.

Pleins de reconnaissance,
Suivons avec attention
La grande conférence,
Qui se fera chez Beaubichon.

(1) BEAUBICHON, saluant.

Mes amis, mes chers amis!... combien je suis heureux... Croyez qu'un pareil empressement... Certaine-

(1) Micheline, Beaubichon.

ment que... Une si aimable réunion... Je dois... certainement...

GOBERGIN, rentrant par le fond, une lettre à la main.

Monsieur, voici une lettre...

BEAUBICHON, prenant la lettre.

Une lettre... Pardon, mes amis, vous permettez?...
(Gobergin sort par le fond.)

TOUS.

Comment donc !
(Les invités s'asseyant à droite et à gauche. Micheline va les saluer.)

BEAUBICHON, ouvrant la lettre, à part.

Qu'est-ce que cela peut être?... Je frissonne!... (Lisant.) « Monsieur, nous nous sommes communiqué vos trois lettres; quand on s'adresse à notre cœur, on est toujours sûr de nous toucher! » (S'interrompant.) Ah! je le savais bien ! (Lisant.) « Comptez donc sur nous... pour l'année prochaine... D'ici là, vous aurez eu peut-être le temps de faire un héritage! En vous priant de vouloir bien pour ce soir nous rayer de votre programme, nous avons l'honneur... » — Et signé de mes trois conférenciers... Je vais m'évanouir!...

GOBERGIN, rentrant par le fond.

M. Ducornard!...
(Tout le monde se lève.)

BEAUBICHON, à part, passant à gauche.

Ciel!... J'ai envie de m'en aller!...
(Gobergin reste au fond.)

SCÈNE VI.

Les Mêmes, DUCORNARD.

(1) DUCORNARD, entrant par le fond.

Comment!... Est-ce que je suis le dernier?... Est-ce que par hasard je me ferais attendre?... Moi, l'amateur le plus...

(Il glisse et tombe.)

TOUS.

Ah!...

BEAUBICHON, à part.

Il ne manquait plus que ça!

MICHELINE.

Ah! monsieur, vous vous êtes fait mal?

DUCORNARD, se relevant, aidé de Gobergin et de Beaubichon.

Au contraire, au contraire... Mais pourquoi suis-je tombé?...

BEAUBICHON.

C'est l'encaustique!... Combien je suis désolé!...

DUCORNARD.

Il n'y a pas de mal, il n'y a pas de mal... Et pourvu

(1) Beaubichon, Ducornard, Micheline, Gobergin, au fond.

que les conférences soient ce qu'on est en droit de les
attendre des hautes sommités qui nous sont annoncées...

(Les invités se rasseyent.)

BEAUBICHON.

Faisons tête à l'orage ! (Haut.) Gobergin, la table et
ses accessoires. Hâtez-vous !...

(Gobergin sort par le fond et apporte immédiatement une table
    qu'il place au milieu du théâtre ; puis il se retire. Sur cette
    table il y a deux flambeaux allumés, une carafe, un sucrier et
    un verre.)

DUCORNARD.

Jugez un peu si je devais être curieux d'assister à
votre soirée : par un hasard inexplicable, moi qui ne
quitte ni l'Athénée, ni la Sorbonne, ni aucun des lieux
où l'on confér... encie, je n'ai jamais entendu les trois
orateurs que m'annonce votre programme.

BEAUBICHON.

Oh ! c'est particulier !

DUCORNARD.

Non, toutes les fois que vos trois orateurs ont parlé,
j'étais arrêté par un obstacle insurmontable. Aussi, ce
soir, j'étais décidé aux plus grands sacrifices. On serait
venu me dire qu'il y allait pour moi des plus affreuses
catastrophes, que j'aurais répondu : Ça m'est égal, j'y
vais... Et me voilà !...

BEAUBICHON.

Combien je suis heureux !... Certainement... que
l'honneur... je dirais mieux... non, je disais bien : l'honneur de... Mais... ces messieurs tarderont peut-être un
peu... et si, en attendant les conférences, nous chan-
tions quelque chose au piano...

DUCORNARD, vivement.

Non! oh! non! Ne multiplions pas nos plaisirs... Recueillons-nous pour mieux apprécier les beautés qui vont nous être dites...

BEAUBICHON, à part.

Sapristi!... Mais s'il se recueille jusqu'à minuit... que faire?... que devenir?...

GOBERGIN, annonçant du fond.

Monsieur Miton, de l'Athénée !

(Il sort après l'entrée d'Isidor.)

TOUS.

Ah!...

BEAUBICHON, à part.

Lui! il s'est ravisé. O bonheur!...

(Il conduit Ducornard à une chaise à gauche et remonte pour saluer M. Miton. Tous les invités se lèvent et saluent aussi.)

SCÈNE VII.

LES MÊMES, ISIDOR, ou vieux professeur sous le nom de Miton.

(1) ISIDOR, entrant par le fond.

Pardon, pardon, messieurs, si je me suis fait attendre !

(1) Ducornard, Isidor, Beaubichon, Micheline.

BEAUBICHON.

Attendre!... Ah! nous vous aurions attendu des jours, des semaines, des mois.

ISIDOR, bas à Beaubichon.

Me donnes-tu ta fille?

BEAUBICHON, stupéfait.

Hein!

ISIDOR, reprenant son personnage.

Nous allons parler aujourd'hui des hautes questions littéraires.

(Il s'installe debout devant la table, tout le monde s'assied, Beau-bichon et sa fille sur le canapé.)

MICHELINE, bas à son père.

C'est lui, c'est lui, papa...

BEAUBICHON, à part.

Lui!

ISIDOR.

Sans plus de préambule, je commence...

DUCORNARD, qui a pris place, à part.

C'est bien ainsi que je me l'étais figuré!...

ISIDOR, après avoir mis ses lunettes et salué.

« Messieurs,

« Depuis que je suis retiré du professorat, qui me fatiguait beaucoup, je n'ai rien trouvé de mieux pour me reposer que de parler trois heures de suite sans m'interrompre.

« Aujourd'hui, si vous le voulez bien, nous examinerons le théâtre et le roman moderne, que nous comparerons au roman et au théâtre des anciens.

« Nous allons commencer par le théâtre et opposer la tragédie à l'opérette.

« L'histoire d'Agamemnon, traitée à deux époques, nous fera comprendre les progrès faits par le théâtre.

« Dans l'Iphigénie de Racine, Agamemnon réveille son confident au lever du rideau par ce vers, dont je ne veux pas dire de mal, mais dont il me serait impossible de penser du bien :

« Oui, c'est Agamemnon, c'est ton roi qui t'éveille...

« Ce *oui*, qui ne répond à rien, était l'une des grandes erreurs du passé; on se permettait de dire *oui* sans raison.

« Oui, c'est Agamemnon, c'est ton roi qui t'éveille...

« Pourquoi ce *oui*? Quel motif Agamemnon a-t-il de dire *oui* à son confident, qui ne lui a pas encore parlé? Comprenez-vous ce *oui*? Non, n'est-ce pas? N'en parlons donc plus, et passons à l'Agamemnon joué cent quatre-vingt-treize ans plus tard, par M. Couder, au théâtre des Variétés, dans un vaudeville tiré d'Homère.

« Les premiers vers que chante l'Agamemnon moderne sont ceux-ci :

« Le roi barbu qui s'avance,
« Bu qui s'avance,
« Bu qui s'avance,
« C'est Agamemnon,
« Aga aga memnon!

« Ici, pas un mot inutile. Le « roi barbu » annonce tout de suite que le roi des rois avait de la barbe.

« Qui s'avance bu!

énonce poétiquement qu'il sort de table, et le mot *aga* répété deux fois (Rechantant :)

« Aga aga memnon

nous apprend qu'Agamemnon bégayait.

« Voyez que de choses dites en si peu de vers, et comprenez quelle distance le théâtre a franchi de 1674 à 1865. »

DUCORNARD.

Comme c'est étudié ! Jamais je n'aurais saisi ces nuances !...

BEAUBICHON.

C'est très-beau ! (A part.) Où va-t-il chercher tout ça?

ISIDOR.

« Dans le roman, c'est encore plus sensible, et je ne veux qu'un seul exemple. Je prendrai le roman le plus classique : *Télémaque*, et je commencerai par ces mots :

« Calypso ne pouvait se consoler du départ d'Ulysse, « dans sa douleur, etc. »

« Or, qu'est-ce qu'Ulysse? Nous le savons, mais sommes-nous obligés de le savoir?... Et si nous ne le savons pas, que nous importe! Calypso ne pouvait se consoler de son départ... Est-ce ainsi que l'on doit intéresser le lecteur au héros d'un livre?

« Voyez comme on s'y prend mieux aujourd'hui : Dans un roman moderne, je lis à la page 15 cette analyse du principal personnage :

« Vers cinq heures, un homme entra. Cet homme était un homme, disons plus : *Il était l'homme !* Tout homme a des yeux, ses yeux étaient à lui. — En les voyant, on disait : Ces yeux sont à cet homme. — Or, quoi de plus individuel que le regard ?... Cet homme avait un regard, son regard était à lui ; disons plus, son regard, c'était lui ! Disons plus, cet homme était un regard. Or, qu'est-ce qu'un regard, sinon la conséquence de deux yeux ? Donc, cet homme était deux yeux. Disons plus, ces yeux étaient un homme : *l'homme œil !* Il entra, il s'assit, il but, il partit ! — L'homme avait bu, l'œil avait vu ! Il avait vu une forme invisible... Cela lui suffit ! Quand quelque chose suffit, on en a assez ; pourquoi rester quand on veut s'en aller ? La cause est à l'effet ce que l'arbre est à l'oiseau, — l'oiseau s'en va, — l'arbre reste, — donc, il s'en alla *sans payer*, il avait voulu voir, il avait vu !... Disons plus !... Non, ne disons rien !... »

(Il sort par le fond.)

SCENE VIII.

LES MÊMES, moins ISIDOR.

(1) BEAUBICHON, se levant.

Eh bien, il s'en va ?

DUCORNARD, de même.

C'est exprès.

BEAUBICHON.

Pourquoi exprès ?

DUCORNARD.

Pour nous laisser réfléchir aux progrès de la littéra-

(1) Ducornard, Beaubichon, Micheline.

ture; ne pas conclure en pareil cas, c'est laisser la pensée parcourir de nouveaux horizons. Ce qu'il a dit me frappe, et pourtant il me semble que je comprends mieux Calypso que l'homme-œil, dont le regard est lui et qui sort sans payer de je ne sais où... où il a vu je ne sais quoi...

MICHELINE, se levant.

Oui, mais c'est bien plus curieux.

DUCORNARD.

Ah! pour curieux, c'est très-curieux! C'est même intéressant, mais c'est obscur.

BEAUBICHON.

C'est obscur, parce que ce n'est pas clair. Si nous savions ce que c'est que l'homme-œil, il est probable que nous y verrions mieux.

DUCORNARD.

Certainement, mais voilà! Il trouve que Calypso devrait nous dire ce que c'est qu'Ulysse, et il ne nous dit pas ce que c'est que l'homme-œil. Il a bien raison de dire que nous ne sommes pas obligés de connaître Ulysse; mais, à plus forte raison, l'homme-œil peut-il nous être inconnu.

BEAUBICHON.

Certainement, il a dû avoir une idée; mais j'avoue ne la pas saisir.

GOBERGIN, annonçant du fond.

Monsieur Bassinoire! (Il sort après l'entrée.)

TOUS, se levant.

Ah!

BEAUBICHON, à part.

Lui!... quelle chance!... (Isidor entre par le fond.)

SCÈNE IX.

LES MÊMES, ISIDOR, sous le nom de BASSINOIRE, entre sans rien dire, salue tout le monde, va à Beaubichon et lui prend la main.

(1) BEAUBICHON, s'inclinant.

Ah! illustre génie! tant d'honneur!...

(On se rassied. — Isidor se met à la table.)

MICHELINE, à part.

Mais je ne me trompe pas, c'est encore Isidor!

DUCORNARD, à part.

C'est singulier!... tout à fait comme je me l'étais représenté.

ISIDOR, après avoir posé sur la table un paquet de livres dont il est chargé, sans rien dire, les consulte l'un après l'autre; tout en lisant, il met du sucre dans la carafe; puis, s'apercevant de son erreur, il en met dans le verre, et, lisant de nouveau, verse de l'eau dans le sucrier; voyant sa nouvelle méprise, il

(1) Ducornard, Isidor, Beaubichon, Micheline.

en verse dans le verre, et, après plusieurs jeux de scènes, finit par dire d'une voix très-enrouée :

Messieurs, le progrès... (Mots qu'il répète plusieurs fois en s'enrouant de plus ; il boit force eau sucrée ; puis, à la fin, impatienté, il prend tous ses livres entre ses bras et sort vivement par le fond, laissant tout le monde désappointé.)

SCÈNE X

LES MÊMES, moins ISIDOR.

(1) DUCORNARD, se levant.

Ah ! voilà qui est vraiment fâcheux !

BEAUBICHON.

Une pareille extinction de voix !

DUCORNARD.

Il n'a dit qu'un mot, et c'était déjà d'une profondeur !

AIR de *la Famille de l'apothicaire*.

Certes, s'il avait pu parler,
Il aurait dit de grandes choses ;
Car il allait se signaler
Dans la plus moderne des causes,
Le progrès, voilà notre espoir,
Et si maintenant je soupire.
C'est de l'admirer, sans savoir
Ce qu'il avait à nous en dire...
Car nous l'admirons, sans savoir
Ce qu'il avait à nous en dire.

(1) Ducornard, Beaubichon, Micheline.

BEAUBICHON.

Mais il ne sera pas toujours enrhumé, et à ma prochaine soirée, si vous voulez bien me faire l'honneur d'y
assister...

DUCORNARD.

Comment donc!... je m'y ferais plutôt porter. Voyez-
vous, mon cher Beaubichon, ce qui m'attire aux conférences, c'est le plaisir que j'éprouve à comprendre ce
que je ne comprenais pas. Ainsi, par exemple, voilà
l'Agamemnon de Racine, que je trouvais bien supérieur
à celui des Variétés... j'avais tort ; mais je l'avoue... et
pourquoi avais-je tort? Faute de comprendre. Est-ce
que je pouvais me douter que le roi Bu signifiait quelque
chose? J'avais cru que c'était une bêtise; pas du tout,
il se trouve que c'est de l'histoire alliée à de la haute
poésie. Je ne pouvais pas me douter de ça.

GOBERGIN, annonçant du fond.

Sir Cromwell! (Il sort après qu'Isidor est entré par le fond.)

(Tout le monde s'est levé.)

SCÈNE XI

Les Mêmes, ISIDOR en jeune Anglais, sous le nom de SIR CROM-
WELL, portant un gros et un petit livre, qu'il pose sur la table
après avoir salué. — On se rassied.

(1) ISIDOR, accent anglais très-prononcé.

Messieurs et mesdames, je priais vous d'excuser moi

(1) Ducornard, Isidor, Beaubichon, Micheline.

si je ne parlais pas très-purement le français... mais je ferai toute possibilité pour... Yès... Messieurs et mesdames, il est beaucoup de conférences dans le capitale de le France, de même en Angleterre... à London, je faisais lectioures, causeries et conférences... et le grand succès avait engagé mes amis à me donner le conseil de venir dans le Paris pour expliquer les beautés de nos grands auteurs... Je dirai d'abord le texte en anglais et le traduction en français. (Ouvrant le gros livre.) Le sujet premier il est très-intéressant. C'est un grand personnage, qui est dans le prison depuis huit années, pour cause tout à fait grave. (Anglais de cuisine.) Il voulait dire qu'il est heureux d'être éloigné des hommes et de vivre tout seul dans ce cachot, avec ses amis les animaux. A ce moment vient un petit crapaud, qui sort d'un coin humide... Vous savez, le crapaud, le mari de le grenouille... non... le parent de le grenouille... « Viens, lui dit-il, tu es mon vrai ami, toi. » De l'autre côté vient un petit rat, qui sort d'un petit trou, avec son petite queue qu'il remue... puis une araignée qui descendait du plafond... il les caresse et il dit : « Vous êtes mes amis véritables, vous. » A ce moment vient le geôlier : « Milord, votre grâce et votre déjeuner. » Il dit cette belle parole : « Gardez le grâce, je garde le déjeuner ; je voulais le partager avec mes amis les animaux ; je voulais finir mes jours avec eux, loin du monde méchant... Allez ! » C'est très-beau. (Ouvrant le petit livre.) Voici maintenant un sujet plus amusant. (Anglais de cuisine.) *Les Enfants et les Fleurs.*— Deux petits enfants jolis, comme ils sont tous en Angleterre, viennent dans le jardin où il passe le Tamise. Il y a beaucoup de fleurs. En courant, le pied glisse... le plus jeune il tombe dans le Tamise... et l'autre il veut le retenir, et il tombe avec. Ils sont morts tous les deux. (Fermant le livre.) Comment vous trouvez?... Eh bien, une autre fois, je pourrai faire lectioure de sujets beaucoup plus beaux. — Je vous remercie de votre bon accueil.

(Tout le monde se lève et le félicite.)

DUCORNARD.

C'est admirable!... étonnant!... Je suis émerveillé!... ravi!... Quelle réunion d'intelligences!... Monsieur Beaubichon, vous êtes mon administré, vous pouvez compter sur moi, je ne vous dis que ça.

(Isidor descend près de Micheline.)

(1) BEAUBICHON.

Ah! monsieur... cette douce et flatteuse parole!...

ISIDOR, bas à Beaubichon.

Me donnes-tu ta fille?

BEAUBICHON, de même.

Mais...

ISIDOR, bas.

Oui... ou je parle.

BEAUBICHON, de même.

Oui... ma foi, c'est un garçon précieux.

ISIDOR, à Micheline.

Il consent à notre mariage et à notre bonheur... Oh! mais un instant, avant de m'ébaudir, une dernière conférence...

(1) Ducornard, Beaubichon, Isidor, Micheline.

(Au public.)

Air de *Madame Favart*.

Après un assez long voyage
Dans de voisins et de lointains climats,
Quand je reviens en oiseau de passage,
Passage des Panoramas,
Retenez-moi dans mon ancienne cage ;
Avec bonheur, lorsque je vous revois,
Ayez encor, messieurs, pour mon ramage
Votre indulgence d'autrefois ;
Pour mon ramage et mon plumage,
Ah ! soyez bons comme autrefois.

FIN

PARIS. — IMPRIMERIE L. POUPART-DAVYL, 30, RUE DU BAC.

BIBLIOTHÈQUE DE LA CRITIQUE
MODERNE

THÉATRE

NOUVELLE BIBLIOTHÈQUE DRAMATIQUE

Belot (A.) et **Crisafulli**. — Le Passé de Monsieur Jouanne. Comédie
en quatre actes. 1 vol. in-18. . . . . 2 fr.

Busnach (W.). — Robinson Crusoé. Bouffonnerie musicale en un acte.
1 vol. in-18. . . . . 1 fr.

— Les Canards l'ont bien passée ! Revue en 3 actes et 7 tableaux.
In-4°. . . . . 50 c.

Busnach (W.) et **Flan** (A.). — Bu... qui s'avance. Revue en trois actes
et sept tableaux. In-4. . . . . 50 c.

Cham et **Busnach** (W.). — Le Myosotis. Aliénation mentale et musicale.
1 vol. in-18. . . . . 1 fr.

Clairville, **Monnier** (A.) et **Blum** (E.). — La Lanterne magique. Revue
de l'année en quatre actes et vingt tableaux. In-4. . . . 50 c.

— Cendrillon, féerie en 5 actes et 30 tableaux. In-4. . . . . 50 c.

Clairville, **Blum** (E.) et **Flan** (A.). — Le Diable boiteux. Revue de
l'année en 4 actes et 30 tableaux. In-4. . . . . 50 c.

Fabre (A.) et **Villiers** (A.). — La Porte Saint-Denis. Drame en cinq
actes. In-4 à deux colonnes. . . . . 60 c.

Furpille (E.) et **Gille** (J.). — Tabarin duelliste. Opérette en 1 acte. 1 vol.
in-18. . . . . 1 fr.

Furpille (E.) et **Prevel** (J.). — Le Bifteck d'or. Vaudeville en un acte.
1 vol. in-18. . . . . 1 fr.

— A qui le Casque ? Vaudeville en un acte. 1 vol. in-18. . . 1 fr.

Goncourt (Edmond et Jules de). — Henriette Maréchal. Drame en trois
actes. 1 vol. in-8. 4 fr.
Le même ouvrage. 1 vol. in-18. 3ᵉ édit. . . . . 2 fr.

Hugo (Charles). — Les Misérables. Drame en 2 parties et 12 tableaux,
avec prologue et épilogue. Édition de luxe. 1 vol. in-8. . 4 fr.
Le même ouvrage. 1 vol. in-18. . . . . 2 fr.

Maquet (Auguste). — Le Hussard de Bercheny. Drame en cinq actes.
1 vol. in-18. — Prix : 2 fr. — Édition in-4° . . . . . 50 c.

Massa (Ph. de) et **Petipa**. — Le Roi d'Yvetot. Ballet-pantomime en
un acte. 1 vol. in-18. . . . . 1 fr.

Meurice (Paul). — Les Deux Diane. Drame en 5 actes. 1 vol. in-18. 2 fr.
La même pièce. In-4. . . . . 50 c.

Saint-Georges (de) et **Chivot**. — Zilda. Opéra-comique en deux actes.
In-18. . . . . 1 fr.

Scribe (Eugène). — L'Africaine. Opéra en cinq actes. 1 vol. in-18. 2 fr.

T. G. G. — Don Juan. Opéra en 2 actes et 13 tableaux. 1 vol. in-18. 1 fr.

Trimm (Timothée) et **Emmanuel**. — La Chasse au Camaïeu. Vaude-
ville-poursuite en trois stations. 1 vol. in-18. . . . . 1 fr. 50

Ulbach (L.) et **Crisafulli**. — Monsieur et madame Fernel. Comédie en
quatre actes. 1 vol. in-18. . . . . 2 fr.

Villars (Émile). — Les Précieuses du jour. Comédie en un acte. 1 vol.
in-18, 2ᵉ édition. 1 fr.

ROMANS

—

COLLECTION J. HETZEL ET A. LACROIX

Beaux volumes in-18 brochés, à 3 fr. — Cartonnés, à 3 fr. 50

Librairie Internationale, 15, Boulevard Montmartre, à Paris.

Erckmann-Chatrian. — Contes de la Montagne. . . . . 1 vol.
— Maître Daniel Rock . . . . 1 vol.
— Contes des bords du Rhin. 2ᵉ édit. . . . . 1 vol.
— Le Joueur de clarinette. 2ᵉ édit. . . . . 1 vol.
— Madame Thérèse. 9ᵉ édit. . . . . 1 vol.
— L'Illustre docteur Mathéus. 3ᵉ édit. . . . . 1 vol.
— Histoire d'un Conscrit de 1813. 17ᵉ édit. . . . . 1 vol.
— Waterloo, suite du Conscrit de 1813. 16ᵉ édit. . . . . . . 1 vol.
— Histoire d'un Homme du Peuple. 6ᵉ édit. . . . . 1 vol.
— La Maison Forestière. 5ᵉ édit. . . . . 1 vol.
— La Guerre. 3ᵉ édit. . . . . 1 vol.
— Contes populaires. 2ᵉ édit. . . . . 1 vol.
Forgues (E.-D.). — Une Parque. — Ma Vie de garçon. . . . 1 vol.
— Elsie Venner. . . . . 1 vol.
— Gens de Bohême. 1 vol.
Frémy (Arnould). — Journal d'une jeune fille pauvre. . . . 1 vol.
— Les Amants d'aujourd'hui. . . . . 1 vol.
— Les Femmes mariées. . . . . 1 vol.
— Joséphin le Bossu. . . . . 1 vol.
Gastineau (B.). — Amours de Mirabeau. . . . . 1 vol.
— Femmes de l'Algérie. . . . . 1 vol.
Girardin (Mᵐᵉ de). — L'Esprit de Mᵐᵉ de Girardin. . . . . . 1 vol.
Gonzalès (Don Manuel Fernandez y). — La Dame de nuit, nou-
    velle espagnole. Traduite par Ch. Yriarte. . . . . 2 vol.
Gozlan (Léon). — La Folle du nᵒ 16. . . . . 1 vol.
— Le Vampire du Val-de-Grâce. . . . . 1 vol.
— Les Émotions de Polydore Marasquin. . . . . 1 vol.
Gramont (De). — Les Gentilshommes riches. . . . . 1 vol.
— Les Gentilshommes pauvres. . . . . 1 vol.
Houdin (Robert). — Les Tricheries des grecs. 2ᵉ édit. . . . 1 vol.
Immermann, avec une préface par Nefftzer. — La Blonde Lis-
    beth. . . . . 1 vol.
Janin (J.). — Contes non estampillés. . . . . 1 vol.
Jobey (Ch.). — L'Amour d'une blanche. . . . . 1 vol.
Kingsley (R.-Ch.). — Alton Locke. . . . . 2 vol.
Lacroix (Octave). — Padre Antonio. . . . . 1 vol.
Lancret (A.). — Les Fausses passions. . . . . 1 vol.
Lavallée (Th.). — Jean-sans-Peur. . . . . 1 vol.
Lever (Ch.). — O'Donoghue. Histoire d'une famille irlandaise. 2 vol.
Mané, Thécel, Pharès. — Histoire d'il y a vingt ans. . . . 1 vol.
Maret (Henri). — Le Tour du monde parisien. . . . . 1 vol.
— Les Compagnons de la Marjolaine. . . . . 1 vol.
Mayne Reid. — Les Marrons de la Jamaïque. . . . . 2 vol.
Melville (Whyte). — L'Interprète. . . . . 2 vol.
Monnier (Marc). — Garibaldi. — Conquête des Deux-Siciles. 1 vol.
Monnier (Henri). — La Religion des imbéciles. . . . . 1 vol.

Muller (Eug.). — La Mionette. 5ᵉ édit.. . . . . 1 vol.
— Madame Claude. . . . . 1 vol.
— Contes rustiques. . . . . 1 vol.
— Pierre et Mariette. . . . . 1 vol.
— La Driette. . . . . 1 vol.
Ollivier (Juste). — Le Batelier de Clarens. . . . . 2 vol.
Paul (Adrien). — Les Duels de Valentin. . . . . 1 vol.
— Blanche Mortimer. . . . . 1 vol.
Perret (Paul). — Mademoiselle du Plessé. . . . . 1 vol.
— Dame Fortune. . . . . 1 vol.
Pichat (Laurent). — Les Poëtes de combat. . . . . 1 vol.
— Le Secret de Polichinelle. . . . . 1 vol.
— Gaston. . . . . 1 vol.
Poë (Edgar). — Contes inédits. . . . . 1 vol.
Ponroy (Arthur). — Le Présent de Noces. . . . . 1 vol.
Radiguet (Max). Les Derniers sauvages. . . . . 1 vol.
Robert (Adrien). — La Princesse Sophie. . . . . 1 vol.
— Le Nouveau Roman comique. . . . . 1 vol.
Rufini. — Découverte de Paris. Nouvelle édition. . . . . . . 1 vol.
Sala (G.). — La Dame du premier. Traduction de l'anglais. . 2 vol.
Sand (G.). — Flavie, 3ᵉ édit. . . . . 1 vol.
— Souvenirs et impressions littéraires. . . . . 1 vol.
— Autour de la table. . . . . 1 vol.
— Amours de l'âge d'or. . . . . 1 vol.
— Les Dames vertes. 3ᵉ édit. . . . . 1 vol.
— Théâtre complet. . . . . 3 vol.
— Promenade autour d'un village. . . . . 1 vol.
— Les Beaux Messieurs de Bois-Doré. . . . . 2 vol.
Scholl (Aurélien). — Histoire d'un Premier Amour. . . . . . 1 vol.
— Les Amours de théâtre. . . . . 1 vol.
— Aventures romanesques. . . . . 1 vol.
Texier (Edmond). — Choses du Temps présent. . . . . 1 vol.
Thiers. — Histoire de Law. . . . . 1 vol.
Tourguénef. — Dimitri Roudine. . . . . 1 vol.
— Une Nichée de Gentilshommes. . . . . 1 vol.
Trois Buveurs d'eau. — Histoire de Murger. . . . . 1 vol.
Ulbach (L.). — Le Mari d'Antoinette. 3ᵉ édit. . . . . 1 vol.
— Françoise. 2ᵉ édit. . . . . 1 vol.
— Pauline Foucault. 3ᵉ édit. . . . . 1 vol.
— Mémoires d'un inconnu. . . . . 1 vol.
— Monsieur et Madame Fernel, 7ᵉ édit. . . . . . . 1 vol.
— Suzanne Duchemin. 3ᵉ édit. . . . . 1 vol.
— L'Homme aux cinq louis d'or. . . . . 1 vol.
— Histoire d'une mère et de ses enfants. 3ᵉ édit. . . 1 vol.
— Les Roués sans le savoir. . . . . 1 vol.
— Le Prince Bonifacio. . . . . 1 vol.

Librairie Internationale, 15, Boulevard Montmartre, à Paris.

Paris. — Imp. Poupart-Davyl, rue du Bac, 30.

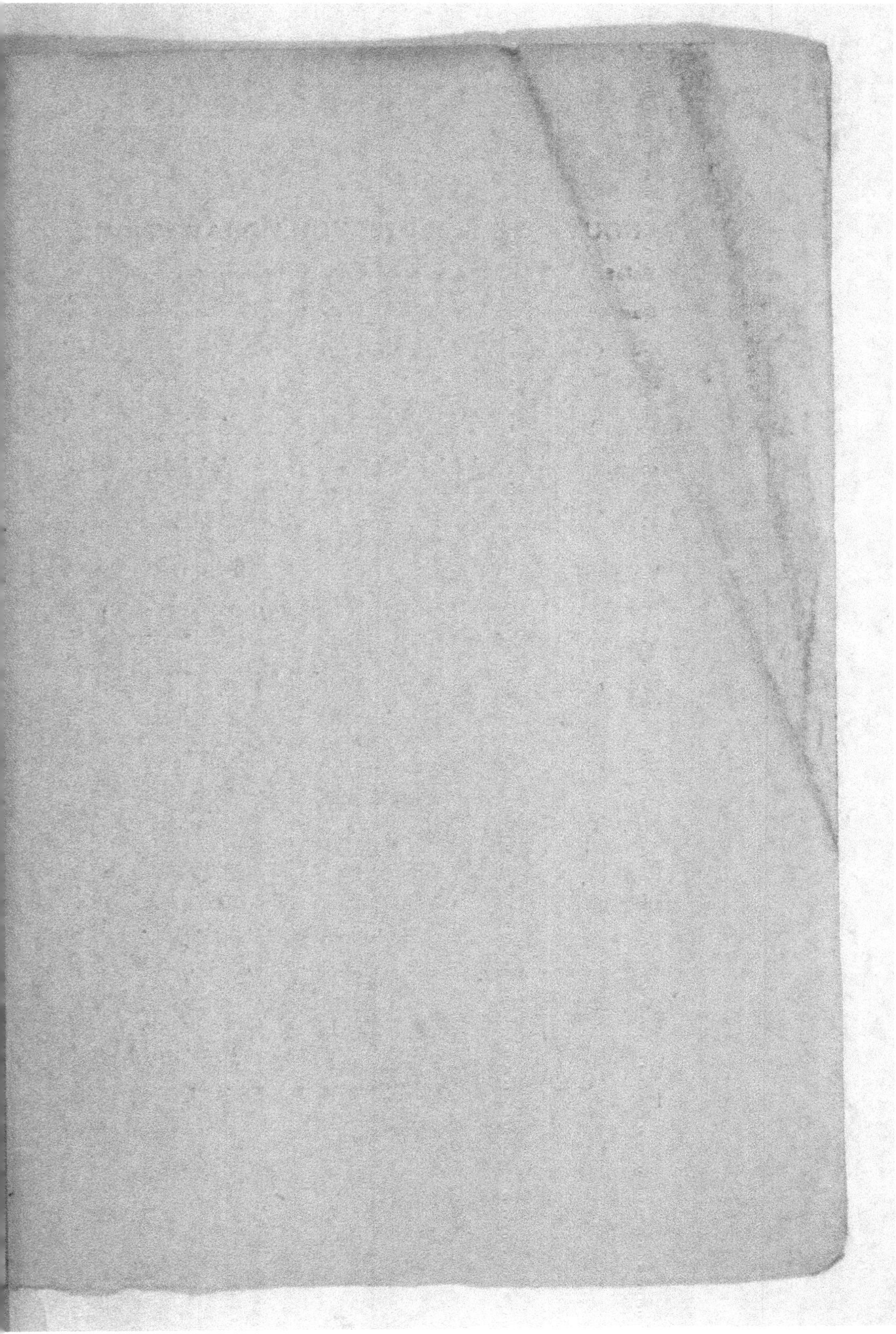

NOUVELLE BIBLIOTHÈQUE DRAMATIQUE

PARIS. — IMPRIMERIE L. POUPART-DAVYL, 30, RUE DU BAC.

9 782329 268620